Klaus Holitzka

Wie male ich mein Mandala?

Tips für den gemalten Weg zum eigenen Mittelpunkt

lesen•fliegen•landen
Schirner Verlag
Landwehrstraße 7a • D.-64293 Darmstadt

Vorwort

Ob man Mandalas essen kann, fragt mich heute niemand mehr. Das war vor vielen Jahren, als ich mit dem Malen von Mandalas anfing, noch anders.

Heute wissen immer mehr Menschen, daß das alte Sanskrit-Wort „Mandala" so viel wie Zentrum, Zauberkreis oder Geheimnis bedeutet, und immer mehr Menschen suchen und finden beim Betrachten und/oder Malen von diesen „Zauberkreisen" innere Ruhe und Kraft. Es scheint, als ob wir uns in einer Zeit, in der sich religiöse und weltliche Werte und Traditionen immer weiter auflösen und neue erst geschaffen werden wollen, instinktiv einem uralten Symbol zuwenden. Einem Symbol, das noch in seiner schlichtesten Form die Grundlage allen Seins abbildet: den Kreis als Sinnbild ewigen Lebens. Das Mandala ist die Grundstruktur der Schöpfung schlechthin. Wir entdecken es in den elementarsten Teilchen, aus denen sich die sichtbare Welt zusammensetzt, genauso, wie wenn wir über uns selbst nachdenken.

Mit dieser kleinen Broschüre möchte ich Sie zu einem Mal-Erlebnis einladen, zu einer Entdeckungsreise, in die einmalige, wundervolle Welt Ihrer inneren Bilder und Stimmungen. Auf dieser Reise werden Sie ganz einfach sich Selbst begegnen, sich selbst und dem Universum rundherum.

Was ist ein Mandala ?

„Ein Weg, die eigene Mitte, das Zentrum in uns zu finden.“ Das jedenfalls behaupten die westlichen und östlichen Mystiker fast aller Kulturen und durch die lange Geschichte der Menschheit hindurch. Schon in den Höhlenmalereien unserer Ahnen aus grauer Vorzeit tauchen erste Kreise auf als Sinnbild für die wärmende, lebenspendende Kraft der Sonne und den ewigen Kreislauf der Natur. Intuitiv scheinen unsere Vorfahren erahnt zu haben, was die moderne Wissenschaft mit immer neuen Mikroaufnahmen von kleinsten, atomaren Strukturen oder Makroaufnahmen aus den unendlichen Weiten des Alls eindrucksvoll belegt: die Grundstruktur des Universums ist ein Mandala.

Nach uralten und ganz modernen Vorstellungen entfaltet sich das ganze Universum aus einem unerklärlichen Ursprung heraus. Jede Galaxie, jede Schöpfung entspringt einem geheimnisvollen Zentrum, dehnt sich aus und gebiert dabei neue Welten über Welten.

Auf einer dieser Welten, einem runden Planeten, der sich auf einer kreisförmigen Umlaufbahn um eine Sonne bewegt, entwickelte sich Leben. Aus einer winzig kleinen runden Zelle, entstanden durch immer neue Zellteilung immer vielfältigere Formen, bis hin zu einem so komplexen Wesen wie uns Menschen.

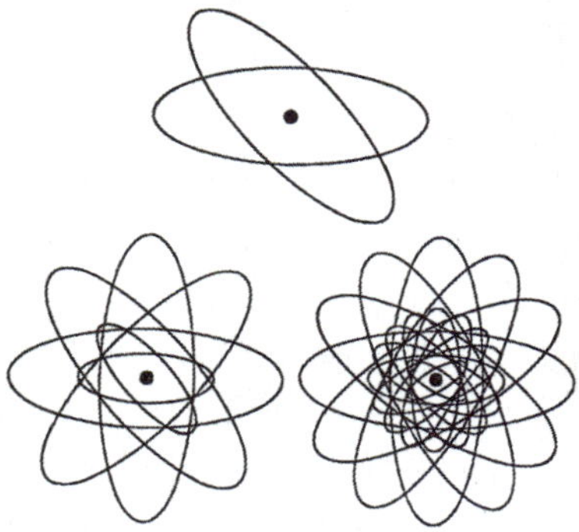

Das Mandala – Grundstruktur des Universums

Auch der Anfang des Lebens beginnt für jeden von uns mit einem mikroskopisch kleinen Ei, das von einem noch kleineren, wiederum runden Samen mit langem Schwanz befruchtet wird. In einer kugelförmigen Gebärmutter wachsen wir, angeschlossen an den Blutkreislauf der Mutter, sicher und geborgen heran, um dann von Muskelringen durch eine kreisförmige Öffnung in die Welt hinausgepreßt zu werden. Die Augen mit denen wir die Welt rund um

Das Auge, ein faszinierendes Mandala

uns herum wahrnehmen, sind wiederum faszinierende Mandalas. Wir wachsen in den ewig gleichen Kreislauf von Tag und Nacht hinein und die wechselnden Jahreszeiten lehren uns den großen Reigen von Werden und Vergehen verstehen. Vom Einpflanzen des Samens im Frühling bis zur Ernte im Herbst. Schließlich muß der Same wieder in die Erde zurückkehren, damit Neues aus ihm entstehen kann.

Auch unser Geist, unser Bewußtsein nimmt sich als Zentrum einer Welt wahr, die sich rings um uns herum entfaltet und ausdehnt. Nichts da draußen ist für uns von Bedeutung, so lange nicht etwas in uns es erkennt und in Beziehung zu sich setzt.

Mit unserer ganzen Empfänglichkeit nehmen wir Licht, Farbe, Klang, Form und Strukturen auf und bilden sie in unserem Gehirn auf sehr unterschiedliche und persönliche Art und Weise wieder ab. Niemand von uns steht außerhalb der Welt und sieht sie nur an. Jeder von uns muß sie in sich hineinnehmen und in eigene Gedanken und Erfahrungen umwandeln. Dann existiert die Welt nicht bloß außerhalb von mir, sondern ich erlebe sie aus meiner Mitte heraus; als Teil meiner selbst.

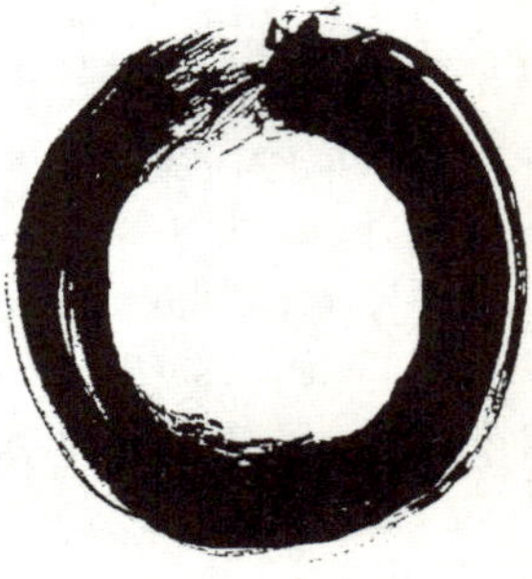

Der Kreis zählt zu den ältesten Symbolen der Menschheit.

In den letzten Jahrzehnten hat der menschliche Geist moderne Meßgeräte und Computer erdacht, mit deren

Hilfe wir immer tiefer in die mikroskopisch kleine Welt der Elementarteilchen eintauchen können. Und was sehen wir? Atome, die um ihren Kern aus noch winzigeren Teilchen kreisen und wiederum wundervolle Mandalas bilden.

Kein Wunder also, daß der Kreis zu einem der ältesten und dauerhaftesten Symbole der Menschheit wurde. Durch alle Zeiten und die unterschiedlichsten Kulturen hindurch begegnen wir immer wieder diesem Zeichen als Symbol für ein universelles Lebensprinzip . Wir finden es in schlichten Zeichen, wie dem schwarzen Kreis auf weißem Grund im Zen (siehe Abb. S. 5) genauso wieder, wie in den farbenprächtigen, bleiverglasten Rosettenfenstern alter christlicher Kathedralen. Es taucht in den geheimnisvollen Kalendern der Mayas ebenso auf, wie als Meditationsbild in abgelegenen tibetischen Klöstern. Die Schamanen der nordamerikanischen Indianer und die australischen Aborigines ritzen und malen mit gefärbtem Sand Heil-Mandalas in den Sand und der berühmte Psychologe C. G. Jung entdeckte in ihnen ein Mittel, um heilend auf sich selbst und andere einwirken zu können.

Jedes Mandala, das die Natur oder unser Geist erschafft, ist ein komplexes, universelles Symbol für den Menschen selbst, die Welt in der er lebt, Gott als übergeordnetes Prinzip und das unbegreifliche All, das sich rund um uns herum ausdehnt. Es ist ein lebendiges Symbol für die unendlich vielen in sich geschlossenen Kreisläufe, in die wir eingebettet sind. Und obwohl sie in sich geschlossen sind, sind sie doch mit allen anderen verbunden und wirken unablässig aufeinander ein.

Was bewirken Mandalas?

Seit Jahrtausenden werden Mandalas als Konzentrations- oder Meditationsbilder eingesetzt. Es scheint, als ob unser Geist intuitiv in den symbolischen Mandala-Strukturen ein Spiegelbild seiner Selbst und seines Ursprungs erkennen würde. Beim Malen von Mandalas stelle ich immer wieder fest, daß von diesen Bildern eine andere Kraft ausströmt und wirksam wird als zum Beispiel von einem Bild ohne eindeutigen, markanten Mittelpunkt.

Interessanterweise malen etwa drei- bis siebenjährige Kinder auf der ganzen Welt spontan und seit Jahrtausenden immer wieder ähnliche Mandala-Bilder. Möglicherweise beruht diese faszinierende Übereinstimmung darauf, daß die Entwicklung unseres so stark gegliederten menschlichen Bewußtseins noch einmal alle Stufen dieses langen geschichtlichen Entwicklungsvorgangs durchlebt. Auf diese Weise kann die Suche nach unserer eigenen Identität in einem unfaßbar weiten All und einer verwirrenden Welt einem vertrauten und erprobten Muster folgen.

Das Betrachten und im Besonderen das eigene Gestalten eines Mandalas hilft nicht nur in jungen Jahren, bisher vielleicht unbewußte seelische Inhalte sichtbar zu machen – das ist in jedem Lebensalter wichtig.

Anhand der intuitiv ausgewählten Farben und Formen können wir leicht unsere Grundstimmung ablesen, mit der wir uns momentan auseinandersetzen oder in der wir uns gerade befinden. Und natürlich können wir auch den umgekehrten Weg gehen und die Farben und Formen bewußt so aussuchen, daß

Kinder malen Mandalas.

sie uns in eine andere, erwünschte Stimmung bringen.

Wir können damit innere Selbstheilungskräfte freisetzen und inneres Chaos in Ordnung verwandeln.

Wir können einfach das schöne Ebenmaß einer Blume nachempfinden und erleben, wie wir dabei ausgeglichener und entspannter werden. Oder wir bilden eine vielfältig ineinander verzahnte Wirklichkeit ab und begreifen auf einer tieferen Ebene, wo unser Platz darin ist.

Wir können das Mandala als heiliges Ritual betrachten oder als ein einfaches therapeutisches Mittel, sich selbst auf eine neue Art zu entdecken und zu heilen. Gleichzeitig ist es eine Beschäftigung, die uns Ruhe und Konzentration schenkt. In einer Zeit voller Hast und Unruhe ist das ein ganz besonderer Gewinn. In jedem Fall helfen Mandalas uns Selbst als Ganzes zu erkennen, eingebettet in noch größere und viel kleinere Zusammenhänge und Kreisläufe. In Mandalas können wir leicht unsere inneren Konflikte und Spannungen symbolisch darstellen und indem wir sie bewußt verändern, können wir ordnend und regulierend auf unser seelisches Erleben einwirken.

Schlangen-Mandala der Navajo-Indianer

So wie ein Maler seine innere Vorstellung von einem Bild so lange mit dem auf der Leinwand vergleicht, bis die beiden Bilder annähernd übereinstimmen, genau so können wir das, was in unserem Leben Wirklichkeit werden soll, mit dem vergleichen was bisher tatsächlich geschehen ist. Und können uns dann darauf konzentrieren, es so zu gestalten, wie wir es gerne haben wollen.

Oft können wir in Mandalas unsere inneren Konflikte deutlicher sehen, vielleicht weil zwei Farben gegeneinander zu kämpfen scheinen oder der Gesamteindruck unharmonisch oder wie zerrissen wirkt. Vielleicht drücken sich Spannungen und Stimmungen in unterschiedlichen Farben und Formen aus, vielleicht stellen Sie erstaunt fest, daß ihr ganzes Mandala Zufriedenheit und Harmonie ausstrahlt, obwohl Sie gar nicht „gut drauf" waren, als Sie zu malen anfingen.

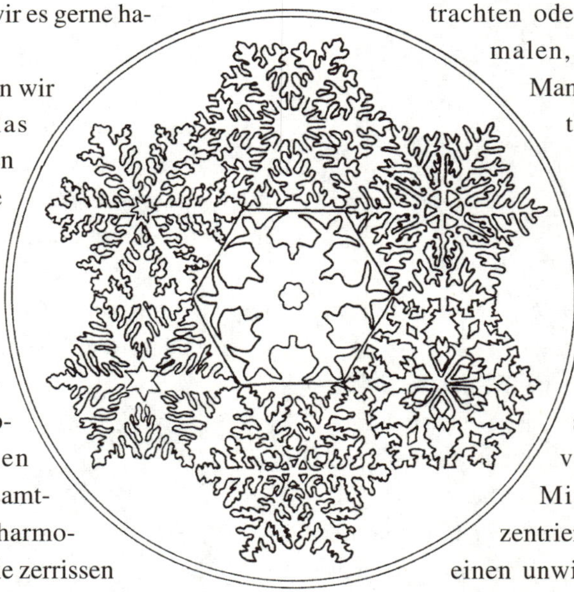

Oder Sie stellen plötzlich fest, daß ihre Gedanken sich wie von selbst geordnet haben, während Sie scheinbar gedankenlos vor sich hin malten.

Ob wir eine Schneeflocke betrachten oder eine Blume malen, ein Boden-Mandala abschreiten oder einfach nur in die Luft starren, unsere Augen neigen zu dem eigenartiges Phänomen, sich auf einen vorgegebenen Mittelpunkt zu zentrieren und wie in einen unwiderstehlichen Sog hineinziehen zu lassen.

Sobald unsere Aufmerksamkeit jedoch auf einen bestimmten Punkt gerichtet ist, beginnt unser Bewußtsein sich mehr und mehr von anderen Einflüssen aus der Außenwelt zu lösen. Leicht gleiten wir immer weiter hinein in einen Zustand, in dem unsere inneren Bilderwelten in den Vordergrund treten und äußere Dinge immer unwichtiger werden. Manche finden dabei Ruhe und Erholung, andere entdecken ein überraschendes Gefühl, so als ob sie zeitlos mit den Dingen dahinfließen würden. Einige machen spannende Erfahrungen und finden neue Lösungen; noch andere vergessen Zeit und Raum um sich herum und tauchen später mit neuen Gedanken wieder im Hier und Jetzt auf.

Während des Mandala-Malens können wir entdecken, wie „rund" wir uns selbst erleben oder ob Störungen unser seelisches Gleichgewicht beeinträchtigen oder uns gar ins Chaos zu stürzen drohen. Gleichzeitig regt die Mandala-Struktur unsere Selbstheilungskräfte an und trägt auf geheimnisvolle Weise dazu bei, daß wir aus einem gesammelten Zustand heraus, zu neuen Einsichten finden. Zu einer natürlichen Ordnung der Dinge, aus der heraus innere Harmonie entstehen kann.

Indem wir im Äußeren ein zentriertes Bild aus bestimmten Farben und Formen malen, scheinen wir, bewußt oder unbewußt, auch unser inneres Erleben in eine harmonische Ordnung und ins Gleichgewicht zu bringen. Wir gestalten ein neues inneres Bild von uns selbst und der Welt, wie wir sie erleben wollen. Der erste und wichtigste Schritt, um das zu finden, was wir suchen.

Mandalas zu malen ist eine höchst vergnügliche und anregende Form der Meditation. Sie zentriert, entspannt und anschließend kann man sie sogar an die Wand hängen und sich noch lange daran erfreuen. Oder man kann sie als etwas sehr Persönliches verschenken.

Wie male ich mein Mandala ?

Um ein Mandala zu malen, muß man keine maltechnischen Vorkenntnisse besitzen. Ja, es ist nicht einmal wichtig, „schön" zu malen! Ihr Interesse sollte sich vielmehr darauf richten, was ihr Unbewußtes Ihnen mitteilen will. Wenn Sie auf ein Mandala-Buch zum Ausmalen zurückgreifen, wählen Sie spontan und ohne lange darüber nachzudenken eines aus. Erfahrungsgemäß drückt dieses Bild Ihre innere Befindlichkeit am besten aus. Wenn Sie Ihr Mandala-Bild lieber selbst gestalten wollen, lassen Sie sich bei der Auswahl von Formen und Inhalten von Ihren Gefühlen leiten – sie sind hierbei Ihr bester Ratgeber.

Auch wenn traditionelle Mandalas meist einen zentralen Mittelpunkt aufweisen und symmetrisch aufgebaut sind, ist dies nicht die einzige Form ein Mandala aufzubauen. Genauso gut können Sie in einen leeren Kreis jedes andere Motiv hineinmalen, das Ihnen gerade in den Sinn kommt. Die zentrierende Wirkung bleibt in jedem Fall erhalten.

Manchmal möchte man die Vorlage oder einen eigenen Entwurf größer oder verschiedene Farbkombinationen davon malen. Lassen Sie sich in der gewünschten Größe und Anzahl Kopien auf möglichst starken Karton ziehen. Das Malvergnügen ist auf starkem Papier größer und läßt mehr Variationen mit unterschiedlichen Techniken zu.

Hin und wieder wird jeder von uns von starken Gefühlen überflutet, denen er spontan Ausdruck verleihen will. Hier ist ein sorgfältig vorbereiteter Entwurf meist nicht die optimale Arbeitsgrundlage.

Zeichnen Sie dann einfach einen leeren Kreis auf ein Blatt und malen Sie los. Lassen Sie sich von Ihrem Gefühl von Glück, Freude, Wut, Angst, Trauer – was auch immer Sie bewegt – leiten und drücken Sie es, ohne lange nachzudenken, malerisch aus.

Der berühmte Psychologe C. G. Jung entdeckte, während er eine persönlichen Krise durchlebte, das Malen von Mandalas als einen heilsamen Weg zu mehr Selbsterkenntnis und innerem Frieden. Er führte eine Art Mandala-Tagebuch, das eindrucksvoll belegt, wie er über das Malen zu neuen Einsichten und innerer Harmonie fand. Diesen spannenden Weg der Selbsterkundung kann ich Ihnen, auch aus eigener, heilsamer Erfahrung, empfehlen. Nicht nur in Zeiten einer Krise.

Mandalas als heilsamer Weg zur Selbserkenntnis

Buntstifte, Aquarellfarben oder welche Malutensilien?

Je nach Größe der Vorlage, Ihren Vorlieben und Materialkenntnissen entsprechend, können Sie natürlich jede Art von Farben benutzen. Den meisten werden allerdings Buntstifte, Filzstifte, Ölkreiden oder Wasserfarben am vertrautesten sein, so daß sie zunächst darauf zurückgreifen werden.

Filzstifte haben den Nachteil, daß mit ihnen keine Farbschattierungen und Übergänge gemalt werden können, sondern nur flächige Farbfelder. Wer kräftige Farben liebt und auf Zwischentöne keinen großen Wert legt, für den sind Filzstifte eine schnelle Möglichkeit, sein Mandala auszumalen.

Mit ***Buntstiften*** lassen sich allerdings facettenreichere Bilder gestalten. Sie bieten mehr Möglichkeiten Übergänge von einer Farbe zur nächsten herzustellen oder eine Farbe in verschiedenen Abstufungen einzusetzen, indem man mit leichterem oder festerem Druck die Fläche ausmalt oder bestimmte Stellen mehrfach mit mehr oder weniger Druck übermalt.

Wichtig ist hier, daß Sie gute, weiche Buntstifte verwenden, die selbst bei nur leichtem Schraffieren Farbe auf dem Blatt hinterlassen. Wie bei jedem handwerklichen Tun, sollten Sie am Werkzeug nicht sparen. Freude und Erfolg beim Malen werden um so größer sein, je besser und brauchbarer Ihre Ausrüstung ist.

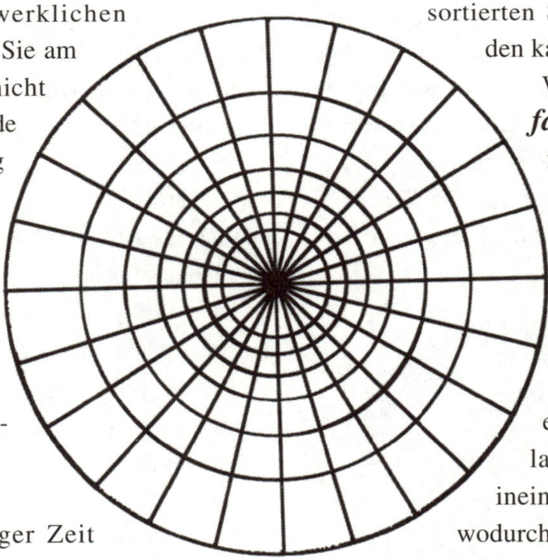

Seit einiger Zeit bieten einige Hersteller ***Aquarellbuntstifte*** an. Ihr Vorteil liegt darin, daß man sie wie normale, sehr gute Buntstifte benutzen kann, aber, wenn man will, den Buntstiftcharakter des Bildes mit einem feuchten Pinsel in ein Aquarell verwandeln kann. Auch ohne die etwas kompliziertere Technik der Aquarellmalerei zu beherrschen, können sie mit diesen Stiften die sanften Übergänge und typische Malweise des Aquarells erzielen.

Diese Stifte können Sie in jedem gut sortierten Schreibwarenladen kaufen.

Wenn Sie mit ***Ölfarben*** schon Erfahrungen gesammelt haben, dann können Sie mit dieser Technik natürlich besonders schöne Effekte erzielen. Ölfarben lassen sich leicht ineinander verreiben, wodurch besonders glatte Farb-verläufe und Lichtreflexe entstehen. Allerdings ist der Umgang mit Ölfarben, Verdünnung und Malmitteln zu kompliziert, als daß er in diesem kleinen Heft ausreichend erklärt werden könnte. Sollten Sie Interesse an

Ölmalerei haben, würde ich Ihnen auf jeden Fall einen Einstiegskurs empfehlen.

Natürlich können Sie Ihr Mandala-Bild auch mit ***Wasserfarben*** oder farbigen Tuschen ausmalen. Allerdings sollten Sie das Motiv dann auf entsprechend dickes geeignetes Papier umkopieren, damit es sich nicht wellt.

Wer den ganz eigenen Charakter und die reiche Farbpalette von ***Pastellkreiden*** mag, sollte sein Mandala groß genug planen, so daß genug Fläche zur Verfügung steht, um mit den dickeren Kreiden gut arbeiten zu können. Anschließend müssen Sie das fertige Bild mit Fixativ besprühen, damit die empfindlichen Pastellfarben nicht verwischen.

Ölkreiden eignen sich besonders gut, um schnell und spontan ein eigenes Mandala zu Papier zu bringen, bei dem es weniger um gestalterische Feinheiten, sondern mehr um die unwillkürliche Freisetzung des momentanen Erlebens geht.

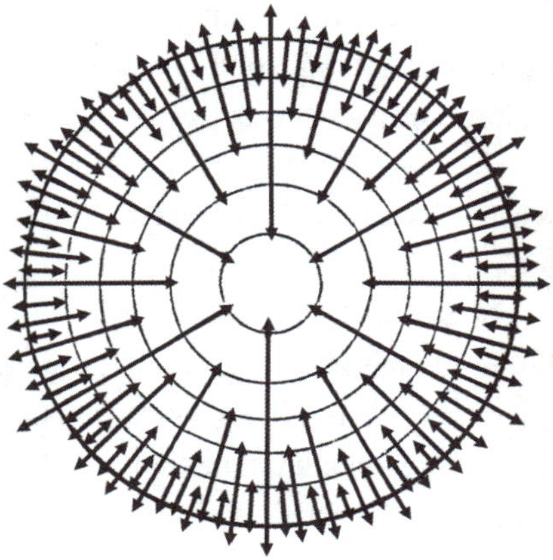

Von innen nach außen oder von außen nach innen?

Kreativität hat mehr mit Spiel als mit Anstrengung zu tun. Die wunderbarsten Werke entstehen dann, wenn wir ohne zu denken, ohne Zwang einfach nur das zum Ausdruck bringen, was uns gerade bewegt. In jedem Bild, in jedem Kunstwerk wird immer das dargestellt oder ausgesprochen, was in unserem Inneren lebt, nämlich unser Selbst, die Ganzheit unserer Persönlichkeit. Und in diesem Selbst ruht das Wissen um die gesamte Schöpfung. Jedes selbstvergessen und spontan gemalte Bild ist zunächst einmal ein Spiegel unserer aktuellen inneren Verfassung, gleichzeitig aber auch ein Ausdruck dafür, wie wir uns in der Welt eingebettet fühlen und verhalten.

Ob wir ein Mandala aus seinem Mittelpunkt heraus zu malen beginnen, oder vom äußeren Kreis aus starten und uns nach innen malen, bleibt jedem selbst überlassen. Der eine Weg führt uns aus der umtriebigen Außenwelt tiefer und tiefer in die inneren Regionen unserer Wirklichkeit hinein. Der andere Weg startet im Inneren und nähert sich allmählich der äußeren Welt. Beide Wege sind wichtig und gleichwertig.

Folgen Sie einfach Ihrer inneren Eingebung. Sie wird Ihnen den für Sie in diesem Augenblick richtigen Einstieg zeigen. In jedem Falle werden Sie erfahren, daß der Schöpfer und seine Schöpfung eins sind.

Manchmal wirkt das Malen eines Mandalas wie ein Sesam-öffne-dich. Auf der einen Seite werden Sie erleben wie kreative, harmonisierende Kräfte aus Ihrem Inneren aufsteigen und sie mit positiver Energie erfüllen. Andererseits können aber auch lang aufgestaute, zurückgedrängte Energien und Gefühle durchbrechen, die jetzt endlich frei fließen dürfen. Versuchen Sie nicht, ihnen Einhalt zu gebieten oder den Fluß zu unterbrechen, sondern geben Sie ihnen Raum, sich auszudrücken. Meist legen gerade diese „dunklen“, verdrängten Teile unseres Selbst Quellen von großer, dynamischer Kraft frei, die uns im Leben bisher gefehlt hat. Wenn Sie auf diese Art Zugang zu bisher unbewußten Teilen Ihrer Seele erhalten und sie in ihr tägliches Leben integrieren, werden Sie überrascht feststellen, wieviel „runder“ und harmonischer Sie sich danach selbst erleben werden.

Intuitiv oder bewußt – die Wahl der Farben und Formen

Haben Sie schon einmal erlebt, daß Sie glaubten, ganz bewußt eine Entscheidung zu treffen, und erst im nachhinein merkten Sie, wieviel innere Eingebung dabei mit im Spiel war? Oder umgekehrt: Haben Sie vielleicht gedacht, rein intuitiv zu handeln, um später festzustellen, daß durchaus Ihr Bewußtsein seinen Teil dazu beigetragen hat? Offensichtlich gibt es keine festen Grenzen zwischen dem, was wir einerseits Bewußtsein und andererseits Tiefenbewußtsein nennen, vielmehr durchdringen, befruchten und beeinflussen sie sich ständig wechselseitig. Stellen Sie sich vor, das Unterbewußtsein wäre ein großes Meer und Ihr Bewußtsein eine kleine Insel inmitten der Weite des Ozeans. Ihr Selbst fühlt sich sowohl auf dem festen Boden der Insel als auch in den geheimnisvollen Tiefen des Meeres zuhause. Ihr Ich dagegen fühlt sich nur auf der Insel wirklich sicher, allenfalls noch im Wasser nahe der Insel, oder auf einem Boot, das auf den Wellen schwimmt. Die Weite und Tiefe des Ozeans bleibt unserem Ich eine fremde Welt. Und doch wächst die Insel aus dem tiefen Meeresgrund hervor und das reiche Meer versorgt uns seit den Anfängen unserer Entwicklung mit Nahrung, und bestimmt nachhaltig die Wetterverhältnisse unserer kleinen Insel.

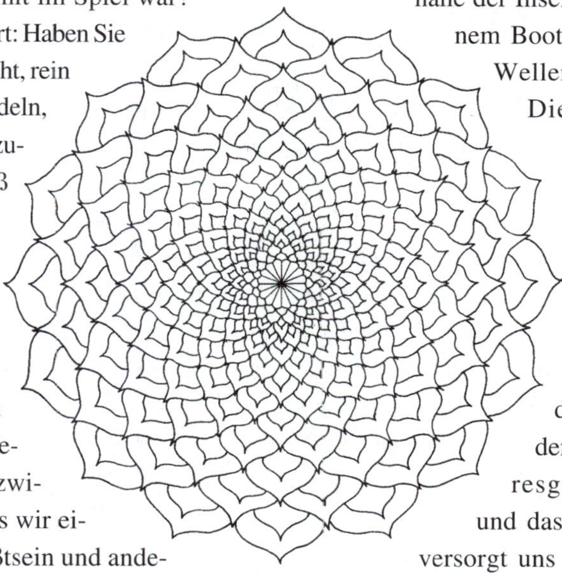

Kleine Meditationsreise zur Einstimmung

Bevor Sie den nun folgenden Text lesen oder, noch besser, vorlesen lassen, sollten Sie Ihr Mal-Werkzeug, das Mandala-Buch oder ein leeres Blatt bereitgelegt haben, so daß Sie nach der Einstimmung sofort loslegen können. Gehen Sie den Text langsam durch und machen Sie eine Pause zum tiefen Einatmen und Ausatmen, wenn die drei Punkte „ …“ auftauchen. Dadurch entsteht ein Rhythmus, mit dessen Hilfe Sie sich sehr schnell entspannen können und Zugang in Bereiche Ihrer Seele erhalten, die uns normalerweise verschlossen bleiben.

Wenn Sie bereit sind, können Sie jetzt zu einer kleinen Reise aufbrechen … einer Reise, die Sie vielleicht weit weg in unbekannte Regionen führen wird … vielleicht auch an einen Ort der Ihnen schon länger vertraut ist … und den Sie immer wieder gern besuchen … weil Sie dort, jenseits von Raum und Zeit, einen Zustand erleben, in dem Ihr normales Bewußtsein und Ihr Unbewußtes auf eine Art und Weise zusammenarbeiten … wie es außerhalb dieses Ortes und dieses Zustandes nicht möglich ist …

Und während jetzt ein kleiner Teil Ihrer Aufmerksamkeit auf diese Zeilen gerichtet ist … kann der größere Teil auf reisen gehen …

Und der erste Schritt auf dieser imaginären Reise besteht darin … daß Sie sich bequem hinsetzen oder legen und mit Ihrer Aufmerksamkeit nach innen gehen … in Ihren eigenen, lebendigen Körper hineinspüren … so daß die Umgebung mit all ihren Geräuschen und Ablenkungen immer unwichtiger wird …

Nehmen Sie einfach wahr, ob Ihr Rücken Kontakt zur Lehne hat und ob Ihr Gewicht gleichmäßig verteilt ist …

wie Ihre Arme und Beine angewinkelt sind und wo sie aufliegen, und spüren Sie, wie Ihr ganzer Körper sicher getragen wird ... von der Unterlage ... von der Erde ... und dem ganzen Universum rundum ...

Einige Menschen konzentrieren sich beim Lesen auf die Worte und auf das, was sie bedeuten ... andere spüren mehr in Ihren Körper hinein, um herauszufinden, welche Empfindungen sie gerade jetzt wahrnehmen können ... wieder andere lauschen lieber dem Fluß ihrer eigenen Gedanken ... oder staunen über die vielfältigen Bilder, die auftauchen wie Inseln im Meer ...

Was auch immer es ist ... es wird jetzt in diesem Moment genau das sein ... was Sie immer ruhiger und gelassener machen kann, während Sie gleichzeitig tiefer und tiefer ein- und wieder ausatmen ... Und weil sich mit jedem tiefen Ausatmen der Körper entspannt ... spüren Sie vielleicht schon jetzt oder in einer kleinen Weile ... wie Ihre Bauchmuskeln mehr und mehr loslassen und Ihr ganzer Bauchbereich locker und weich wird ... während Ihr Atem ihn mehr und mehr ausfüllt ...

Und auch im Schulter- und Nackenbereich fühlen Sie die Muskeln weich werden ... vielleicht begleitet von einem Gefühl der Wärme ... oder sie spüren, wie Ihr Körper schwerer wird... oder ein Gefühl von Leichtigkeit und Wohlbehagen sich überall ausbreitet ...

Und auch in Ihrem Kiefer läßt die Spannung nach ... und die Muskeln und Nerven rund um Ihren Mund werden weich und angenehm empfindsam ... genau so wie die Muskeln und Sehnen um Ihre Augen und in der Stirn nun loslassen ... und den Blick nach Innen freigeben ...

Und häufig glaubt man, man müßte all das bewußt wahrnehmen ... was in unserem Inneren geschieht, und planen und gestalten, was wir gleich zu Papier bringen wollen ... um dann erstaunt festzustellen, daß es nicht unbedingt nötig ist ... weil viele Dinge ohne unser bewußtes Eingreifen viel besser funktionieren und wirken.

Und weil die meisten Veränderungen und Lernvorgänge außerhalb unserer bewußten Wahrnehmung und Planung ablaufen ... kann niemand so genau wissen, was gerade jetzt auf der unbe-

wußten Ebene geschieht ... während Sie diese Worte lesen und dabei sind, sich auf Ihr Mandala einzustimmen ... Und aus diesem Zustand heraus, können Sie jetzt darauf vertrauen, daß das, was Sie jetzt gleich in Ihrem Mandala zum Ausdruck bringen, genau das ist, was Sie in Ihrem Innersten beschäftigt. Vielleicht wollen Sie einfach ein schönes, harmonisches Bild malen ... oder beim Malen ein Gefühl von Ruhe, Ausgeglichenheit und Zentriertheit herstellen ... vielleicht suchen Sie nach Lösungen, die Sie im Alltag bisher nicht finden konnten ... oder Sie möchten Ihrem Unbewußten eine Möglichkeit bieten sich, auszudrücken ... was auch immer Ihre Gründe sind ... Sie werden jetzt gleich all das in Ihr Mandala hineinfließen lassen können, was Sie im Innersten bewegt ... um das zu verändern, was Sie verändern wollen ... zu genießen, was Sie genießen wollen ... oder das zu erfahren, was Sie über sich wissen wollen ... weil die Tore zu Ihren inneren Welten jetzt weit offen stehen ... so daß Sie all das entdecken und erforschen können, wozu Sie bereit sind ... Lassen Sie sich einfach überraschen ...

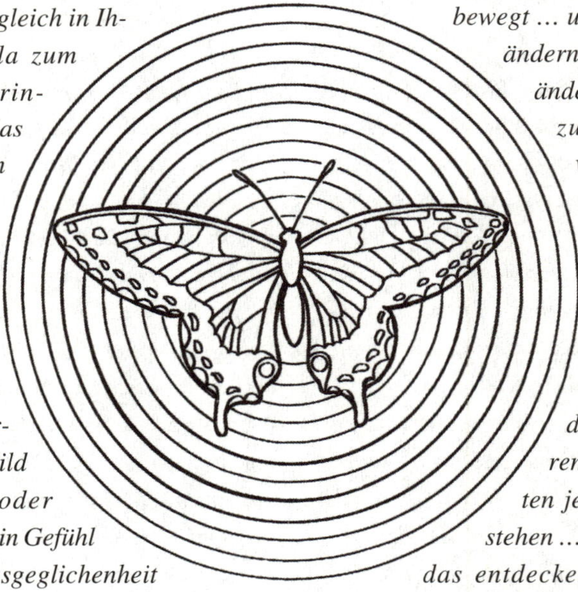

Was sagen uns die Farben und Formen?

Farben stehen für bestimmte Gefühle, Charaktereigenschaften und sogar körperlichen Empfindungen. Wenn Sie beginnen, die Farben und Symbole Ihres fertig ausgemalten Mandalas zu deuten, denken Sie daran, daß diese Zuweisungen nicht mehr und nicht weniger als eine Hilfestellung im ständigen Prozeß der Selbsterkenntnis sein wollen. Jede Farbe, jede Form hat immer auch eine individuelle Note, ist geprägt von sehr persönlichen Erfahrungen, und sich daraus ergebenden Vorlieben und Abneigungen. Nehmen Sie die folgenden Glossare als Anregung, Ihre eigenes Gespür zu schulen und immer tiefer in Ihre ganz eigene Bedeutungswelt einzutauchen. Mit der Zeit werden Sie ein immer feineres Gefühl dafür entwikkeln, was welche Farben in ihrer besonderen Schattierung für Sie bedeuten. Richten Sie Ihre Aufmerksamkeit auch darauf, welche Farben Sie überhaupt nicht oder nur sehr selten benutzen oder welche Farbe im Übermaß auftaucht. Das gleiche gilt natürlich für Formen und Symbole.

Die Bedeutung einiger Farben sind leicht und klar zu verstehen, da sie überall auf gleichen Erfahrungen beruhen. So wärmt und nährt z. B. die Sonne seit Anbeginn der Zeit alles Wachsende. Deshalb wurde ein warmes Gelb weltweit zu einem Symbol für Wärme, Licht, Nahrung und höherer Einsicht. Andererseits kennt jeder den Ausdruck „gelb vor Neid".

Schauen Sie sich auf der Rückseite dieses Heftes die Farbschattierungen von Gelb, bzw. aller anderen Farbtöne an, und sie werden verstehen, woher die Bezeichnung „warme" oder „kalte" Farbe kommt. Lassen Sie sich von der folgenden Einteilung der den Farben zugeordneten Eigenschaften in positiv oder negativ nicht beirren. Sie zeigt keine Wertung sondern nur, wie eine Farbe auf Sie wirken kann, aber nicht unbedingt wirken muß.

Bevor Sie damit beginnen, Ihr Mandala zu deuten, lassen Sie das fertige Bild eine Weile auf sich wirken. Betrachten Sie es ganz in Ruhe, und so, als wäre es das Mandala einer anderen Person, die Sie sehr gern mögen. Notieren Sie sich eventuell ein paar Stichworte Ihrer Gedanken und Gefühle zu dem Bild, bevor Sie die Bedeutung der Farben, Formen und Symbole im Glossar nachschlagen. Auf diese Weise schulen Sie Ihre Intuition, unbeeinflußt von traditionellen Deutungen und vorgefaßten Meinungen.

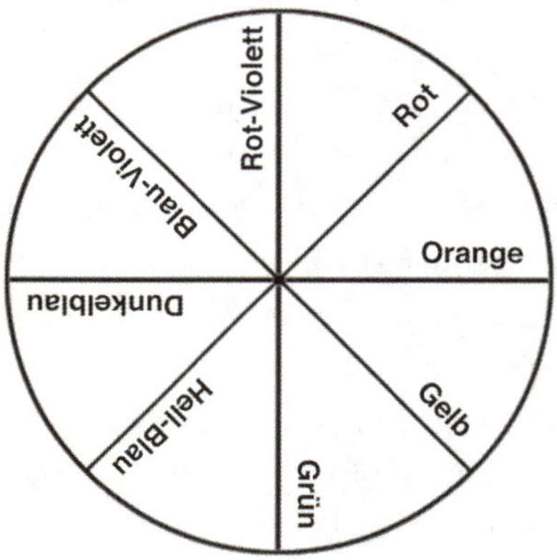

Eine kleine Farbenlehre

Gelb

\+ Sonne, Licht, Erleuchtung, Heiterkeit, Entfaltung, Freiheitsdrang, Unternehmungslust, Phantasie, Intellekt, Weisheit, Intuition, Erleuchtung

– Angst vor Enge, Neid, Selbstüberschätzung, Oberflächlichkeit

Orange

\+ Optimismus, Lebensenergie, Kontaktfreude, Ehrgeiz, Stärke, Mut, Aktivität, Selbstvertrauen, Gesundheit, Aufgeschlossenheit, Herzlichkeit, Selbstbewußtsein

– Geltungsdrang, Leichtlebigkeit, Zerstreutheit

Rot

\+ Liebe, Leidenschaft, Lebenskraft, Sinnlichkeit, Feuer, Selbständigkeit, Durchhaltevermögen, Energie, Eros, Vitalität, Begeisterungsfähigkeit

– Wut, Zorn, Aggressivität, Triebhaftigkeit, Zerstörung

Rosa

\+ Romantik, Zuneigung, Hingabe, Sanftheit, Zurückhaltung, Weiblichkeit, Selbstlosigkeit, Genußfähigkeit, Gewaltüberwindung, Unschuld

– Schutzbedürfnis, Sentimentalität, Realitätsverlust, Empfindlichkeit, Ängstlichkeit

Violett

\+ Über-Ich, Spiritualität, Mystik, Magie, Inspiration, Eigenständigkeit, Vereinigung von Gegensätzen, innere Eingebung, Reinigung, Gefühlbetontheit, Kreativität

– Leid, Verzicht, Buße, Entsagung, Melancholie, Abkehr

Blau

\+ Sicherheit, Ruhe, Frieden, Ausgeglichenheit, Treue, Gelassenheit, Grenzenlosigkeit, Sehnsucht, Idealismus, Selbstlosigkeit, Vernunft, Entspannung, Freiheit

– Leere, Langeweile, Lähmung, Naivität, Chaos, Trauer

Türkis

\+ Kommunikationsfähigkeit, Wendigkeit, Geselligkeit, Selbstbewußtsein, Anmut, Selbstheilung, Charme, Humor, Erfindungskraft

– Selbstbezogenheit, Sucht nach Anerkennung

Grün

\+ Leben, Natur, Hoffnung, Willenskraft, Beständigkeit, Gleichgewicht, Wachstum, Neubeginn, Genesung, Wohlbefinden, Integrität, Ansehen, Zielstrebigkeit

– Unehrlichkeit, rücksichtsloser Ehrgeiz, Machtstreben

Braun

\+ Erdverbundenheit, Fruchtbarkeit, Suche nach Schutz und Sicherheit, neue Lebensphase,

– Schmerz, Kargheit, Armut, Mangel an Selbstwertgefühl

Grau

\+ Vereinigung von Gegensätzen, Klärungsprozeß, analytisches Denken, Gelassenheit, Klarheit

– Gleichgültigkeit, Emotionslosigkeit, Depression, Verschleierung, nebulöse Sicht

Schwarz

\+ Wiederkehr, Würde, Unbezwingbarkeit, Erneuerung

– Tod, Zerstörung, Trauer, Stillstand, Finsternis, Bedrohung, Hoffnungslosigkeit, Verlust, Furcht, Überdruß, Pessimismus, Abwehr, Zwang

Weiß

\+ Reinheit, Unschuld, Vollkommenheit, Erlösung, Spiritualität, Aufrichtigkeit, Wahrheitsliebe, Initiation, Aufrichtigkeit, Freiheit, Zustimmung

– Farblosigkeit, freudlose Einsamkeit, Perfektionismus, Kühle, Beziehungslosigkeit, Leere

Eine kleine Formen- oder Symbollehre

Auge

„Spiegel“ der Seele, Hellsichtigkeit, Allwissenheit, Allgegenwart Gottes, Ich-Symbol

Baum

Leben, Wachstum, Verwurzelung, Verbindung zwischen Himmel und Erde, Entwicklung, Tod und Wiederkehr (Blätter), das Selbst, Schutz, Unsterblichkeit (immergrüne Nadelbäume); auch: nicht von der Stelle können

Blitz

zerstörerische oder befruchtende göttliche Kraft, blitzartige Erkenntnis, Erleuchtung, Heilung durch seelische Energien, neue Wachstumsphase

Blume

Symbol für das Wesentliche, ewige Erneuerung, Frühling, Schönheit, Demut, Hingabe, Liebe, verblüht: Vergänglichkeit, Unbeständigkeit

Blut

Sitz von Lebenskraft und Seele, Opfer, Reinigung, Sühne

Brücke

Verbindung von Getrenntem, Vermittlung, Überwindung

Dreieck

Dynamik; Symbol für die drei Stufen geistiger Entwicklung: Geburt, Reife,

Tod; Denken, Reden, Handeln; Spitze nach unten: Weiblichkeit, Wasser, Unbewußtes, Yin ; Spitze nach oben: Männlichkeit, Feuer, Zeugungskraft, Yang; Gleichseitiges Dreieck: Harmonie

Herz

Liebe, Intuition, Glückseligkeit, Tapferkeit, Ort von Emotionen, Erkenntnis und Willen; Weisheit des Gefühls, Kummer, Leid, Trennung (wenn verletzt)

Hexagramm

(zwei ineinander verschlungene Dreiecke)

Durchdringung der sichtbaren und unsichtbaren Welt; Ausgewogenheit, Vereinigung aller Gegensätze; Vollendung einer wichtigen Arbeit; Erfüllung, Harmonie

Labyrinth

Initiation; Aufstieg aus dem Dunkeln zum Licht; das menschliche Leben mit seinen Schwierigkeiten, Prüfungen und Umwegen; Pilgerreise; Suche nach der eigenen Mitte

Insel

abgeschlossener, schwer zugänglicher Ort; häufig: sorgenfreier, erwünschter Ort; Weltflucht

Knoten

Verknüpfung, Vereinigung, Lösen und Binden, Auflösung, Komplikation, Hindernis, Tatkraft, Bewältigung von Problemen

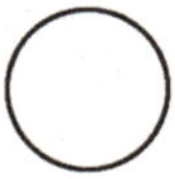

Kreis

führt in sich selbst zurück; Einheit, das Absolute, Vollkommenheit, Ewigkeit, Erleuchtung, Seele; Harmonie aller geistigen Kräfte; das Selbst, Bewegung, Unendlichkeit

Kreuz

Durchdringung zweier gegensätzlicher Bereiche: z. B. Himmel und Erde, Geist und Materie, Zeit und Raum; Scheideweg, Gegensätze verbinden, Ausgewogenheit des ganzheitlichen Menschen; als „X“ besondere Markierung eines Ortes; je nach Umfeld auch: Verlust, Verzicht

Licht/ Sonne

Geist, Göttlichkeit, Leben, Glück, Inspiration, geistige Schau, Erleuchtung, Wärme, Feuer, kosmische Intelligenz, Nahrung, Auferstehung, Neuanfang, Verstandeskraft, höhere Einsicht

Meer

unerschöpfliche Lebenskraft, aber auch alles verschlingender Abgrund; Geben und Nehmen, Unbewußtes, Sinnbild ungehobener Schätze

Mond

Weiblichkeit, Fruchtbarkeit, Werden und Vergehen, Empfänglichkeit, unbewußte Kräfte, Gefühle, Anlehnungsbedürfnis

Pfeil

Schnelligkeit; Bewegung, die über Grenzen geht; das Ich in Richtung zum Absoluten, Erkenntnis, Liebespfeil: Sinnlichkeit und Wollust

Pflanzen

zyklische Erneuerung, fruchtbare Fülle

Quadrat

Festigkeit, Stabilität, Materie, Realitätssinn, Ausgewogenheit der vier Elemente, Himmelsrichtungen, der Geist in der Materie

Rad/ Kreis

Dynamik, Auf und Ab des Lebens, Ewigkeit, Einheit in der Vielheit, Glücksrad

Regenbogen

Brücke zwischen Himmel und Erde, Neugeburt, Fruchtbarkeit, Rückkehr der Sonne, Ganzheit, Heilung, einen Schatz finden

Schmetterling

Tod und Auferstehung, Selbsterneuerung der Seele, Verwandlung

Stern

Inspiration, himmlische Führung, Kreativität, Begeisterung; Sternschnuppe: Hoffnung, Gunst der Sterne; vierstrahliger Stern: das Selbst, seelische Ganzheit; fünfzackiger Stern: starkes Selbstwert- und Identitätsgefühl, mit beiden Beinen fest in der Welt stehen, Fähigkeit Inspiration in die Realität umzusetzen; viele Sterne: vielseitige Möglichkeiten, konkurrierende Ziele, ein großer Stern: individuelle Einzigartigkeit (zur eindeutigen Bestimmung vergleichen Sie die Anzahl der Zacken mit den Angaben in der Zahlensymbolik)

Tiere

unbewußte, triebhafte, irrationale Aspekte; Hinweis auf Einstellung dem Unbewußten bzw. unserem unbewußten Selbst gegenüber durch hilfreiche oder bedrohliche Tiere; jedes Tier steht für unterschiedliche Eigenschaften; Integration durch Annahme

Tropfen

Fruchtbarkeit, Reinheit, Reinigung, Läuterung, Tränen, Enttäuschung, Trauer, Wut, Kummer, Zorn, Schmerz, Verletzung, aber auch Freude, Erleichterung, Vergebung

Vogel

menschliche Seele, Transformation, Phantasie, Intuition, Transformation, Spiritualität; Adler: Macht, Hochmut, Bote Gottes; Eule: Unglück, Weisheit, die das Dunkle durchschaut; Taube: Frieden, Reinheit, Heiliger Geist;

Vogelschwarm: Gefahr; gesammelte Kräfte, Selbstbewußtsein auf einer höheren Ebene finden

Yin/ Yang

Dualität/ Polarität in der Einheit, Vereinen von Gegensätzen

Zahlensymbolik

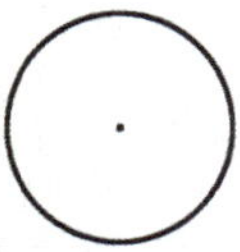

Eins

Einheit, Individualität, Ganzheit, Integrität, Anfang

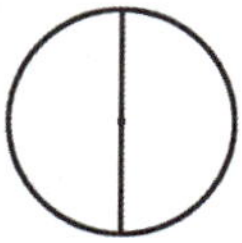

Zwei

Materie, Spaltung der ursprünglichen Einheit, Zweifel, Differenzierung, Konflikt, Gegensätzlichkeit

Drei

Vitalität, Energie, Vereinigung der Gegensätze, Vielfalt, Selbsterkenntnis, Drang nach Unabhängigkeit, Transformation, Gottessymbol

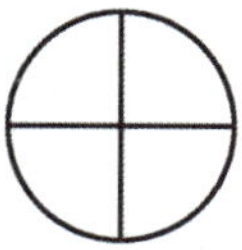

Vier

Stabilität, Ordnung, Rationalität, Erkenntnisse vertiefen, Grenzen ziehen, Bewußtseinserweiterung, Vollendung, Energie, irdische Realität annehmen, die vier Elemente vereinen

Fünf

Pentagramm, natürliche Ganzheit, Gesundheit, mit der Realität verbunden sein und sie aktiv gestalten; Liebe, Verwirklichung seiner Ziele und Träume

Sechs

Ausgewogenheit, Vollständigkeit, Erfüllung, Zufriedenheit; Ende einer Schaf-fensperiode, vereinen geschlechtlicher Gegensätze

Sieben

Zahl göttlicher und irdischer Harmonie, des Schicksals und der Wandlung, Ende eines Zeitabschnitts, Transformation, Selbstfindung, innere Arbeit

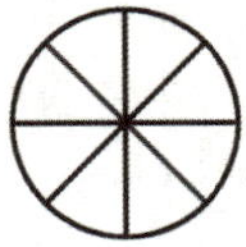

Acht

Ausgleich, Selbst, Gerechtigkeit, Wiedergeburt, Stabilität, ewiger Wandel; liegend, ∞ = Lemniskate, Zeichen der Unendlichkeit

Neun

Besinnung; sich selbst als Ganzheit erleben; Wahrheitssuche, Rätsel der Existenz lösen, spirituelle Energie, Weisheit, Synthese

Zehn

Vielheit wird zur Einheit, Vollkommenheit, Ethik, Realitätssinn, pragmatische Lebenseinstellung, Ehe, Wiederherstellung von Einheit

Elf

Übergangsstadium, Konflikt, Veränderung, Gefahr, Tod und Wiedergeburt, Zusammenbruch statisch gewordener Prinzipien, oft schmerzhafter Prozeß der Wandlung auf dem Weg zur Selbsterkenntnis

Zwölf

kosmische Ordnung, Erlösung; Entwicklungsprozeß, mit dem Ziel Ganzheit zu erreichen; zyklische Kreisläufe (Monate, astrologische Sternzeichen); Vollendung einer Arbeit; Beginn eines schwierigen Projekts; vergehen der Zeit, nie endende Spirale der Entwicklung

Dreizehn

Betrug, Treulosigkeit, Unglück, Bedrängnis, Verwirrung, starker innerer Prozeß der zu Ende geführt werden muß, bevor Befreiung und Erlösung stattfinden können aber auch: Beginn einer neuen Lebensphase

---

Literaturnachweis

Kamala Murty/ Klaus Holitzka
„Malbuch-Mandala“, O.W. Barth Verlag

Klaus Holitzka/ Jochen Niemuth
„Das Mandala als Grundstruktur
des Universums“, Ch. Falk Verlag

ISBN 3-930944-28-6

Erste Ausgabe 1997

Umschlaggestaltung: Klaus Holitzka
Herstellung: Druckservice Reyhani, Darmstadt
Printed in Germany